0894

GRAND QUARTIER GÉNÉRAL

DES ARMÉES DE L'EST

ÉTAT-MAJOR — 3e BUREAU

INSTRUCTION

SUR

LE COMBAT OFFENSIF

DES GRANDES UNITÉS

GRAND QUARTIER GÉNÉRAL
DES
ARMÉES DE L'EST

ÉTAT-MAJOR

3ᵉ Bureau.

Nᵒ 15350

Le 26 Janvier 1916.

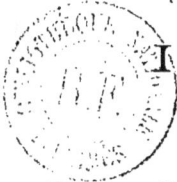

INSTRUCTION
SUR
LE COMBAT OFFENSIF
DES GRANDES UNITÉS

Dans une Armée participant à une action offensive d'ensemble, les C. A sont chargés, dans une *zone déterminée*, de *préparer*, d'*engager* et de *poursuivre* le combat. Les moyens dont ils disposent leur donnent la possibilité d'avoir une action puissante et de la soutenir pendant un certain temps.

Le C. A. est *l'unité d'attaque*.

Dans le C. A., les Divisions mènent le combat, suivant le plan d'ensemble arrêté par le Commandant de C. A., en combinant l'action des différentes armes.

Elles peuvent être employées en première ou en deuxième ligne.

La Division est l'unité de combat.

L'Infanterie attaque, conquiert le terrain, l'organise,

l'occupe et le conserve. Elle ne peut agir offensivement sans le concours de l'artillerie.

L'Artillerie ouvre la voie à l'infanterie, en brisant les obstacles qui s'opposent à sa marche. Elle l'accompagne, puis, dès que l'infanterie suspend son mouvement, elle se met en mesure de lui prêter son appui pour la conservation du terrain conquis.

La Cavalerie exploite le succès dès qu'il se produit. Elle renseigne le commandement en assurant une partie du service de liaison et d'observation.

Le Génie améliore les communications, exécute certains travaux spéciaux.

Toute attaque comprend :

> Une période de préparation,
> Une période d'exécution.

La préparation a pris dans la guerre actuelle une importance primordiale. Elle s'effectue en deux périodes.

Les travaux de la première période peuvent être exécutés sans qu'il soit nécessaire d'amener toutes les troupes d'attaque dans leur secteur, à l'aide des éléments précurseurs et généralement sans donner l'éveil à l'ennemi. Ils comprennent les reconnaissances, l'établissement du plan d'engagement, l'organisation générale du terrain, les installations de l'arrière, l'armement d'un certain nombre de batteries lourdes.

La deuxième période commence au moment où les troupes d'attaque entrent dans leur secteur pour en effectuer l'installation définitive.

Il y a un intérêt évident à pousser les travaux de la première période, de façon à mettre les troupes en place le plus tard possible.

La présente Instruction a pour but de fixer le rôle du Commandant de l'Armée, du Corps d'Armée, de la Division, dans la préparation et le développement d'une action offensive d'ensemble contre des positions organisées.

D'une façon générale :

Dans le cadre des directives qu'il a reçues et à la suite des études préparatoires effectuées, le Commandant de l'Armée arrête le *Plan d'action d'ensemble :* étapes successives de l'opération, répartition générale des forces, ainsi que le *Plan d'ensemble des travaux* à effectuer.

Le Commandant du Corps d'Armée, après avoir, s'il y a lieu, devancé ses troupes sur le terrain et procédé avec son Etat-Major, ses Commandants de l'artillerie et du génie, à l'étude de la situation, arrête le *Plan d'engagement de son Corps d'Armée,* c'est-à-dire le dispositif d'ensemble, les objectifs à atteindre par les divisions de première ligne, le rôle des Divisions de seconde ligne, la répartition de tous les moyens dont il dispose, le *Plan d'action de l'artillerie.*

Le Commandant de la Division, à la suite de ses reconnaissances personnelles et de celles de ses subordonnés, arrête le *Plan d'engagement de sa Division* et le *Plan d'action de son artillerie.* Dans le cadre qui lui est fixé par le Commandant de Corps d'Armée (d'après le Plan d'ensemble des travaux établis par l'Armée) il établit le *Plan d'aménagement définitif du terrain.* Enfin, et dans la dernière période de la préparation, il règle par son *Ordre d'attaque* tous les détails de l'exécution.

I

LA DIVISION

Le rôle du Général de Division consiste, dans son ensemble, *à combiner l'action de l'infanterie et de l'artillerie.*

Cette combinaison ne peut être réalisée que si le Général est *renseigné.* Elle portera tous ses fruits, si les combattants disposent à tout instant des moyens matériels qui leur sont nécessaires, c'est-à-dire s'ils sont *ravitaillés.*

Recherche du *Renseignement,* mise en œuvre *de l'Infanterie et de l'Artillerie,* organisation du *Ravitaillement,* tels sont les points sur lesquels doit porter toute l'activité du Général de Division.

DIVISIONS DE PREMIÈRE LIGNE

I. — Préparation de l'attaque.

(La note du 16 avril, mise à jour le 16 janvier 1916, traite de la préparation de l'attaque. Cette question n'est donc envisagée ici que pour préciser la tâche du Général de Division.)

Reconnaissance. — Pour effectuer ses reconnaissances, il est indispensable que le Général de Division ait reçu du Commandant de Corps d'Armée :

Sa mission (points de direction, objectifs) ;

Sa zone d'action ;

Les moyens supplémentaires mis à sa disposition, notamment en Artillerie lourde et Artillerie de tranchée (1).

---

(1) L'A. L. courte, qui effectue les destructions, *doit être en principe aux ordres des Généraux de Division.*

La reconnaissance de la position ennemie est effectuée à plusieurs échelons : d'abord par le Général, de concert avec son Commandant d'Artillerie, son Commandant du Génie et son Etat-Major; ensuite par les Commandants de Brigades et de régiments, accompagnés des Commandants de groupements d'artillerie, chargés d'opérer les destructions devant leur front.

Les procédés de reconnaissance sont :

— Les photographies d'avions et leur interprétation ;

— L'observation dans les tranchées et les observatoires d'artillerie ;

— Les reconnaissances en avion ou en ballon par les officiers d'Etat-Major, les officiers d'artillerie et du génie.

Le travail de reconnaissance est poursuivi sans arrêt jusqu'au jour de l'attaque, en utilisant en outre les patrouilles, *l'observation permanente* dans les tranchées, etc.

Le plan d'engagement. — Les reconnaissances faites, le Général de Division arrête le plan d'engagement.

Ce plan doit être établi, en effet, avant le commencement des travaux de détail, puisque ceux-ci résultent du but poursuivi (voir page 2 de la présente Instruction : Travaux de la deuxième période).

Toutefois, comme il n'est pas possible de préciser à ce moment tous les points particuliers, le plan d'engagement se borne à donner les grandes lignes de l'opération et tout ce qui intéresse la préparation.

Les prescriptions complémentaires nécessaires pour l'exécution de l'attaque feront l'objet de *l'ordre d'attaque.*

Le plan d'engagement fixe :

a) Le but de l'opération, les objectifs de la Division (résultant des ordres du Commandant de Corps d'Armée) ;

b) Le ou les objectifs particuliers à attaquer par les unités subordonnées ;

c) La répartition des forces sur le front, suivant les résultats à atteindre ;

d) Les combinaisons à réaliser, de concert avec les Divisions voisines ;

e) Les emplacements d'Artillerie ; Artillerie de campagne, lourde, de tranchée.

f) La zone d'attaque de chaque Brigade ;

g) L'effectif des troupes réservées ;

h) Eventuellement, l'emploi des nappes de gaz, des obus spéciaux de toute nature, et de la guerre de mines.

Le plan d'engagement a pour complément immédiat le plan d'aménagement définitif du terrain.

Le plan d'aménagement (1) consiste :

a) A préciser l'ensemble des travaux de terrassement à effectuer ou compléter : parallèles de départ, abris, places d'armes, communications, dépôts de matériel, postes de secours, etc..., et à évaluer les moyens matériels à réunir ;

b) A déterminer les observatoires et les postes de commandement ;

c) A arrêter le plan des liaisons à établir : téléphoniques, optiques, T. S. F., signaux, coureurs, pigeons... ;

d) A arrêter le plan d'exécution des travaux, détermination de l'ordre d'urgence, répartition des tâches entre les unités, organisation des transports, etc... ;

(Voir la note du 16 janvier 1916, annexe n° 3.)

Le programme des travaux étant arrêté ainsi dans ses moindres détails, les troupes peuvent être amenées dans les secteurs et commencer l'aménagement.

L'exécution du plan d'engagement nécessite, en outre de l'aménagement du terrain :

a) La destruction, par un tir d'artillerie *précis*, des batteries et des organisations ennemies (2) ;

b) Le contrôle, par le Général et ses officiers d'État-Major, de l'exécution de tous les ordres relatifs à la préparation ;

c) La préparation morale.

---

(1) Le plan est établi dans le cadre du plan d'ensemble des travaux arrêtés par le Commandant de l'Armée et complété par le Commandant du Corps d'Armée.

(2) La destruction des défenses accessoires des organisations de première ligne, en particulier, doit être contrôlée et vérifiée par l'infanterie.

La préparation morale. — L'exaltation du moral marche de pair avec la préparation matérielle. Elle sera obtenue par une action personnelle journalière de tous les chefs, et particulièrement du Général de Division.

De fréquents rapports doivent être établis entre artilleurs et fantassins, ainsi qu'entre les Chefs d'unités voisines.

Ordre d'attaque. — Établi dans la dernière période de la préparation, l'ordre d'attaque règle tous les détails d'exécution :

a) Précisions supplémentaires sur les objectifs ;

b) Couverture des flancs de l'attaque ;

c) Appui de l'attaque par l'artillerie ;

— Appui donné des emplacements initiaux,
— Déplacement des observateurs et observatoires,
— Déplacement progressif des batteries,

d) Déplacement éventuel du P. C. : itinéraire probable, emplacements successifs, moyens de liaison, personnel d'observation ;

e) Prolongement éventuel des liaisons : téléphoniques, optiques, T. S. F., coureurs, surveillance des lignes téléphoniques ;

f) Prolongement éventuel des communications : moyens de passage sur les tranchées, tracé des pistes au delà des tranchées ;

g) Ravitaillement et évacuations.

II. — Exécution de l'attaque.

Les conditions de réussite de l'attaque sont :

Le bon ordre ;

La rapidité ;

L'appui permanent de l'Infanterie par l'Artillerie.

Les Généraux de Brigade assurent le maintien de l'ordre et la rapidité du mouvement.

Ils conduisent l'attaque jusqu'à l'objectif fixé par le

Général de Division, ils organisent l'occupation du terrain et se reconstituent des réserves.

L'appui de l'Artillerie ne peut être réalisé que par le Général de Division qui, dans ce but, a besoin d'être renseigné très exactement sur la physionomie du combat.

Le renseignement. — A partir du moment où, de son poste de commandement, le Général *ne peut plus* **suivre** *suffisamment l'action de son Infanterie,* il est dans l'obligation de se porter en avant.

Le Général de Division ne peut pas, bien entendu, voir, en permanence, la ligne d'Infanterie. Cette conception, évidemment idéale, ne sera réalisable qu'exceptionnellement.

Les emplacements successifs du Poste du Général de Division doivent permettre des communications faciles et rapides avec les Généraux de Brigade et l'Artillerie, c'est-à-dire que le Général de Division doit se trouver au centre du groupement de ses forces, entre les troupes engagées et les réserves, à proximité d'observatoires donnant des vues aussi complètes que possible sur la première ligne.

Conserver le contact avec son Infanterie, sans perdre celui de l'Artillerie, de manière à pouvoir exercer constamment son commandement, telle doit donc être la préoccupation dominante du Général de Division.

Le Général de Division fait établir à cet effet les lignes téléphoniques nécessaires, les fait doubler par des communications optiques et, si possible, par T. S. F.

Il n'est pas nécessaire que les lignes construites soient très nombreuses, mais elles doivent être soigneusement installées. Elles sont surveillées, de distance en distance, par des postes chargés en même temps d'effectuer les réparations.

Il est indispensable d'organiser la répartition des observateurs entre les observatoires situés aux environs du P. C.

Le personnel chargé de l'observation et des liaisons à pied et à cheval est pris dans la Cavalerie Divisionnaire. Il reçoit, au préalable, un dressage spécial (1).

_____

(1) Il est avantageux d'employer à l'État-Major de la Division les officiers et certains sous-officiers de la Cavalerie Divisionnaire toutes les fois

Ces moyens de renseignements sont complétés par un contrôle très actif des ordres donnés et par les reconnaissances personnelles du Général de Division et de ses officiers d'État-Major.

Lorsque le mouvement de la Division est arrêté, c'est en prenant contact avec ses Commandants de Brigade et ses Colonels que le Général de Division pourra se faire une idée rapide de la situation, et régler ensuite l'action de son artillerie d'après les possibilités de rupture de la ligne ennemie.

L'Artillerie.— La mise en œuvre de l'Artillerie *au début* de l'attaque, résulte du plan d'engagement; les détails en sont réglés d'avance par entente avec les unités d'infanterie intéressées (Plan d'action de l'artillerie. Voir note du 16 janvier, annexe n° 2).

Généralement, un certain nombre de batteries seront mises à la disposition des Commandants de Brigade ou de régiment (1) pour leur servir d'appui direct. Le *reste* de l'artillerie est sous les *ordres* du Général de Division qui lui fixe les objectifs et désigne les batteries chargées de s'opposer aux contre-attaques, particulièrement sur les flancs de la Division.

Tant que l'infanterie progresse, le Général de Division surveille son mouvement, et suit la marche générale de l'attaque.

Si la progression s'accentue, il fait effectuer aux fractions d'artillerie *désignées à l'avance,* les déplacements prévus.

Dès que l'infanterie est arrêtée par une résistance qu'elle n'a pu briser, le Général de Division met tout en œuvre pour faire disparaître cette résistance par un tir précis. Son premier soin doit être de déterminer avec exactitude les objectifs à battre, les points sur lesquels le tir doit être concentré.

---

où ils ne sont pas de service aux tranchées. En leur donnant des missions rentrant dans les attributions de la Cavalerie, liaisons, reconnaissances, observation, etc..., on développera leurs qualités tout en leur faisant connaître les troupes de la Division. Ils seront ainsi à même de rendre de grands services sur le champ de bataille.

(1) Les groupes ou les batteries mis à la disposition des Commandants de Brigade et de régiment ne peuvent néanmoins être déplacés par ceux-ci qu'avec l'assentiment du Général de Division donné d'avance ou au moment du besoin.

A partir du moment où le feu est ouvert, il en fait contrôler l'efficacité.

Il renseigne le Commandant de C. A. sur sa situation. Il lui indique en particulier les conditions dans lesquelles l'A L. de C. A. pourrait lui être utile.

L'artillerie mise à la disposition des Commandants de Brigade et de régiment est employée par eux dans des conditions analogues, c'est-à-dire : action de l'artillerie réglée d'avance pour le début du mouvement, puis, dès que l'attaque est arrêtée, indication des objectifs à battre, faite par le Commandement à l'artillerie.

Ceci suppose l'existence de communications sûres entre l'Infanterie et l'Artillerie chargée de l'appuyer.

Ce résultat sera atteint si :

1º Le *Commandant de l'Infanterie* (Commandant de Brigade ou de régiment disposant d'Artillerie) a auprès de lui le Commandant de l'Artillerie d'appui, ou son représentant ;

2º Le *personnel de liaison et d'observation* est en place auprès des Commandants de Brigade, régiment et bataillon (voir Instruction du 16 janvier 1916, Annexe 2).

3º La communication établie *par l'Artillerie* entre les observateurs mobiles et les batteries, est doublée par une communication *établie par l'Infanterie*.

Les objectifs à battre, ainsi que les emplacements approximatifs des observatoires, sont déterminés par entente entre le Commandant de l'Infanterie et le Commandant de l'Artillerie ou son représentant. Ils sont transmis aux batteries par les agents de liaison de l'artillerie.

Lorsque les observateurs mobiles ne peuvent se relier directement avec les batteries et que la communication établie par l'infanterie avec les batteries ne fonctionne pas, la transmission des éléments de tir aux batteries ne peut se faire que par le réseau du Commandement, Brigade, Division ; il est donc nécessaire de prolonger ce réseau, en établissant une communication entre les observateurs et le poste de régiment ou de Brigade.

Les batteries de tranchée sont, en principe, réparties entre les unités d'infanterie. Leurs missions sont définies par le plan d'engagement (1).

Dès que, par suite de la progression de l'infanterie, elles ne peuvent plus prendre part à l'action, elles démontent leurs pièces et se regroupent en des points choisis à l'avance, de manière à être immédiatement prêtes à se porter aux emplacements d'où leur action pourra être utile.

L'Infanterie. — A partir du moment où l'attaque est déclanchée, l'action du Général de Division sur sa première ligne est assez limitée. Elle consiste à *suivre de près* le combat, dont la direction appartient aux Commandants de Brigade. Le Commandant de Division intervient s'il y a lieu pour rectifier les erreurs commises, soit dans la direction, soit dans l'emploi des troupes engagées. Cette tâche ne sera pas toujours facile. Elle nécessite des liaisons parfaites avec la première ligne.

Quant aux réserves, le Général de Division règle leur mouvement de façon qu'elles soient en état d'intervenir dans les meilleures conditions.

Lorsque la ligne de combat est arrêtée, le Général de Division assure la reprise du mouvement en avant, d'une part en organisant le tir de l'artillerie sur les obstacles qui arrêtent la première ligne, d'autre part en engageant ses réserves.

L'engagement des réserves ne doit pas avoir lieu sous la forme d'une simple mise à la disposition des Commandants de Brigade. Le Général de Division fixe les conditions d'emploi des troupes réservées et le *moment* de leur intervention. Il a besoin, pour cela, d'être parfaitement renseigné, non seulement sur la situation exacte de son Infanterie, mais encore sur les possibilités de préparation de l'attaque par l'artillerie ; c'est ce dernier renseignement qui lui permettra de fixer l'heure de l'attaque.

L'écueil à éviter est que les réserves, échappant au Commandement, viennent se fondre d'elles-mêmes sur la première ligne et s'entasser, ce qu'il faut à tous points de vue éviter.

---

(1) Ces missions, qui complètent celles attribuées à l'artillerie de campagne et à l'A. L., sont déterminées par le Commandant de l'Artillerie Divisionnaire, sous l'autorité du Général de Division.

12

Génie. — En principe, une partie du Génie de la Division (fraction constituée) est affectée aux troupes d'attaque, le reste est maintenu à la disposition du Général Commandant la Division (1).

La mission des éléments à la disposition des troupes d'attaque est d'établir, immédiatement derrière les troupes d'assaut, des passages pour les unités qui suivent, et de participer à l'organisation rapide de certaines positions désignées par le Commandement.

La fraction maintenue à la disposition du Général Commandant la Division est surtout destinée à améliorer les communications de façon à assurer dans de bonnes conditions les déplacements de l'artillerie, et à permettre de pousser le plus loin possible les ravitaillements et évacuations par voitures.

Les unités du Génie ne peuvent donner leur plein rendement que si, à la suite d'une étude minutieuse du terrain et des organisations de l'ennemi, on a préalablement apprécié la nature et l'importance des travaux probables, ainsi que les moyens à réunir en conséquence.

Lorsque la Division a enlevé l'objectif qui lui était assigné, l'attention du Général de Division doit se porter sur les principaux points suivants :

a) Maintenir le contact et couvrir l'organisation de la position enlevée ;

b) Organiser la position enlevée, de manière à en assurer au plus tôt l'inviolabilité. Développer ensuite cette organisation en vue de l'offensive ultérieure ;

c) Organiser l'observation et les liaisons ;

d) Assurer la répartition de l'Artillerie, de façon à pouvoir exécuter des barrages sur tout le front et appuyer l'attaque ultérieure des positions encore occupées par l'ennemi. Pousser en avant l'artillerie de tranchée et ses munitions ;

e) Répartir les unités du Génie en vue de leur participa-

---

(1) Cette répartition pourra, bien entendu, varier au cours du combat. Il faut éviter de morceler systématiquement les Compagnies du Génie entre les unités subordonnées. Chaque fois que l'on détache une fraction il faut que ce soit en vue d'un emploi probable à une mission utile.

tion à l'organisation de la position et à la préparation de l'attaque (1) ;

f) Remettre les unités en ordre, se reconstituer des réserves, en reprenant en mains les unités précédemment dépensées qu'il est possible de retirer du front ;

g) Organiser le ravitaillement et les évacuations.

Le Ravitaillement. — Le ravitaillement est organisé par l'État-Major et les Services sous la direction du Général de Division.

Il comporte :

— L'établissement d'un plan de ravitaillement mis en œuvre par un *chef ;*

— L'organisation des voies de communication ;

— La constitution de moyens de transport ;

— La constitution d'approvisionnements.

Le prolongement des voies de communication existant à l'intérieur de nos lignes sera entrepris immédiatement derrière l'attaque, d'après le plan arrêté à l'avance. Les Compagnies du Génie seront très utilement employées à ce travail, notamment à l'établissement des passages sur les différents obstacles.

Un officier de l'État-Major de la Division sera toujours désigné pour être chef du Ravitaillement. Il aura sous ses ordres les représentants des services. Il évitera avec soin l'encombrement, en organisant des courants montants et descendants par des itinéraires jalonnés. La traversée des villages et des points de passage obligés sera particulièrement surveillée.

Les évacuations sont organisées d'après les mêmes principes, sous la direction de l'officier d'État-Major chargé du ravitaillement.

III. — Développement de l'action.

Si après avoir conquis en entier les objectifs qui lui ont été assignés, la Division ne rencontre plus de résistance, le

---

(1) Reconnaissance des défenses ennemies que l'artillerie ne pourrait atteindre, transport des engins spéciaux et des explosifs qui seraient nécessaires.

Général de Division occupera tous les points importants en avant de son front, et cherchera à reprendre le contact au moyen de la Cavalerie dont il peut disposer ; c'est là une hypothèse qui ne se réalisera qu'exceptionnellement sur le front actuel des opérations.

Malgré tout l'intérêt que présente une ruée en avant immédiate, il y a lieu de considérer que la Division, après l'effort fourni par l'assaut, n'a le plus souvent qu'une puissance offensive assez réduite.

On ne peut songer à pousser trop avant chez l'ennemi des troupes en partie désorganisées, susceptibles de fléchir sous une contre-attaque. Mais il ne faut pas non plus montrer trop de timidité et manquer des occasions favorables.

La progression doit être combinée avec les Divisions voisines et la Cavalerie ; c'est l'affaire du Commandant de Corps d'Armée.

Si avant d'avoir atteint les objectifs finaux qui lui ont été assignés, la Division se trouve arrêtée devant une organisation ennemie occupée, elle doit en préparer immédiatement l'attaque d'après les procédés prescrits pour l'attaque initiale :

— Reconnaissance ;

— Mise en place des moyens ;

— Mise en œuvre des moyens.

Le Général de Division active la nouvelle préparation, de façon à pouvoir donner l'attaque le plus tôt possible.

Son action a pour objet principal de hâter la mise en place de l'artillerie (de campagne, lourde, de tranchée), et l'ouverture du tir de destruction.

Il doit, en outre, s'attacher à remettre de l'ordre dans toute la zone arrière de la première ligne, *éviter l'encombrement*, et assurer l'afflux du matériel par des communications commodes.

Plus encore que pour la préparation initiale, le Général de Division contrôle lui-même et fait contrôler par son État-Major l'exécution des ordres. C'est par une activité inlassable à tous les échelons qu'on arrivera à être prêt à attaquer avant que l'ennemi ait pu se rétablir dans une situation stable et ordonnée.

DIVISIONS DE DEUXIÈME LIGNE

Le rôle des Divisions de deuxième ligne est de prolonger l'action des Divisions de première ligne lorsque celles-ci ont atteint leurs objectifs ou sont dépensées.

La Division de deuxième ligne, partant d'abris situés à une certaine distance en arrière des tranchées amies, effectuera une marche d'approche assez longue pour atteindre son terrain d'engagement.

Elle doit pouvoir entrer en ligne suffisamment tôt pour enchaîner son action avec celle de la Division qui la précède.

Mais, dans le cas où cette dernière ne progresserait que très peu, la Division de deuxième ligne doit éviter de serrer à trop courte distance, afin de ne pas être prise sous les mêmes barrages que la première ligne et de pouvoir ensuite se déplacer latéralement.

La marche d'approche ne peut donc être réglée que si le Commandant de la Division est parfaitement renseigné sur la tournure du combat. C'est pour cette raison que le Général de Division, se conformant à la règle posée pour les unités de deuxième ligne, doit devancer sa Division. Pendant la préparation et l'assaut, *il se tient, en principe, au P. C. du Commandant de la Division de première ligne, et se porte ensuite en avant avec lui.*

Il appartient, en outre, au Commandant de Corps d'Armée d'organiser le Commandement en plaçant, s'il le juge à propos, l'un des Divisionnaires sous les ordres de l'autre. Si, ultérieurement, les Divisions se répartissent le front, chaque Général de Division reprendra son indépendance.

La marche d'approche se fait sous la conduite des Généraux de Brigade. Elle doit s'effectuer à une allure coulante.

Les Brigades seront accolées ou placées l'une derrière l'autre suivant les circonstances.

Il est essentiel que les Commandants de Brigade, de Régiments et de Bataillons de tête de la formation d'approche aient reconnu l'itinéraire à l'avance jusqu'aux tranchées de première ligne et aient en outre étudié le terrain de leur progression éventuelle chez l'ennemi.

Artillerie. — Le Commandant de l'Artillerie doit, dans les mêmes conditions que le Général de Division, être très exactement renseigné sur l'organisation de l'Artillerie de la Division de première ligne : répartition des batteries, objectifs, observatoires, liaisons, etc.

Dans les jours précédant l'attaque, il aura dû effectuer les reconnaissances nécessaires. Le jour de l'attaque, il suivra le développement de l'action à côté du Commandant de l'Artillerie des troupes de première ligne.

L'engagement de l'Artillerie d'une Division de deuxième ligne précédera d'ailleurs généralement celui de l'infanterie : les batteries pourront coopérer à la préparation ; il peut être parfois avantageux de les utiliser pour constituer, au moins en partie, l'artillerie d'accompagnement des unités de la Division de première ligne.

Engagement. — L'engagement de la Division de deuxième ligne doit être prévu à l'avance en fonction des objectifs assignés à la Division de première ligne.

Le plan d'engagement doit avoir été étudié avant l'attaque.

Ce plan ne peut — en dehors de la marche d'approche — envisager tous les détails de l'action d'une façon aussi précise que pour les unités de première ligne.

Il se borne donc à indiquer les conditions éventuelles du mouvement.

Il sera complété par des ordres successifs donnés au cours de l'opération, au fur et à mesure des progrès de la Division de première ligne.

L'engagement s'effectuera, *soit en dépassant* la Division de première ligne, pour continuer l'action offensive, *soit en relevant* cette première Division sur tout ou partie de son front.

Le premier cas suppose un succès complet obtenu par la Division de première ligne et l'absence d'organisations ennemies, tout au moins à proximité immédiate.

Il s'agit de lancer *au plus vite* l'infanterie sur les objectifs qui lui ont été donnés, en appuyant sa marche par toute l'artillerie disponible. L'appui de l'artillerie est ici, comme partout ailleurs, indispensable à la réussite. Il est donc nécessaire de retarder le mouvement en avant, jusqu'à ce que l'artillerie soit en mesure de l'appuyer en temps utile. Opérer le plus rapidement possible, tout en évitant de s'engager témérairement ; car le temps perdu profite à l'ennemi qui peut se renforcer.

Le Général de Division emploie toute son activité à réaliser la coopération de l'artillerie par les procédés précédemment indiqués pour la Division de première ligne, c'est-à-dire :

— Poussée en avant des organes de renseignement, y compris le P. C. ;

— Poussée en avant de toutes les batteries sur des emplacements leur permettant d'agir efficacement ;

— Organisation de l'observation et des liaisons de façon à faire connaître à l'artillerie en temps voulu les objectifs à battre.

Le deuxième cas envisagé dans l'engagement de la Division de deuxième ligne, est celui dans lequel la Division de première ligne ayant épuisé sa capacité offensive est arrêtée au contact d'organisations ennemies.

Il ne saurait être question de venir simplement renforcer la ligne de combat et de tenter avec des troupes fraîches une attaque que d'autres n'ont pas réussi ou n'ont pas pu exécuter.

Il faut d'abord relever la Division de première ligne, puis effectuer une préparation d'artillerie efficace.

Sauf certains cas particuliers, la relève de la Division engagée ne sera généralement possible qu'au cours de la nuit. La Division relevée se reconstituera en arrière à l'abri du canon, de façon à être apte à reprendre le combat dans le plus bref délai.

Le Commandant de l'artillerie de la Division de première ligne, avec la plupart de ses batteries, restera — tout au moins pendant quelque temps — à la disposition du Commandant des troupes de relève.

La nouvelle préparation d'attaque est entreprise d'après les procédés prescrits pour la première position ennemie.

Dans les deux cas ci-dessus, il peut arriver, au cours de l'action, que le front de la Division de première ligne s'élargisse au point de permettre l'emploi de deux Divisions. Il

appartient alors au Commandant de C. A. de fixer les zones
d'action de chaque Division, d'organiser le commandement et
d'assurer la répartition des moyens, notamment en ce qui
concerne l'Artillerie.

Cas particulier du combat de la Division.

Certaines situations imposent l'obligation d'agir offensivement pendant plusieurs jours avec des forces relativement
restreintes. Ce cas se produira, par exemple, aux ailes d'une
attaque pour augmenter l'étendue du front et immobiliser
ainsi les moyens de l'ennemi. Il pourra se présenter également
à l'intérieur d'un dispositif d'attaque, en face d'un secteur
ennemi particulièrement organisé qu'il est préférable de faire
tomber par une manœuvre sur les ailes.

Le succès des opérations de ce genre résulte toujours de
la préparation. Mais l'attaque proprement dite doit être conduite d'une façon un peu spéciale.

Puisqu'il faut alimenter l'offensive, pendant un certain
temps, avec des moyens limités, on doit se limiter également
dans les objectifs qu'on se propose d'atteindre.

Ces objectifs une fois enlevés, ne seront pas dépassés ; on
s'y organisera solidement.

L'action se poursuivra ensuite s'il est nécessaire de même
façon.

Ce combat nécessite spécialement une forte consommation
de munitions si l'on veut économiser l'Infanterie pour alimenter l'attaque pendant un certain temps.

Méthode d'instruction.

La conduite d'une Division au combat ne s'improvise pas.
Le Général de Division doit y avoir beaucoup réfléchi et s'y
être préparé par de nombreux exercices avec cadres et avec
troupes.

Ces exercices comporteront l'étude de la conduite d'une
Division encadrée, dans les conditions de la bataille de Cham-
pagne.

Exercices de Cadres. — Seront exécutés d'après le programme suivant :

a) Exercices d'infanterie dirigés par les Commandants de Brigade, ayant pour objet l'étude du débouché, de la progression, de l'enlèvement d'objectifs intermédiaires, de la couverture d'un flanc, de l'installation en face d'une ligne ennemie.

On fera fonctionner toutes les liaisons jusqu'au Commandant de Brigade chacun à sa place.

Un Officier d'artillerie au moins participera toujours à ces exercices.

b) Exercices d'Artillerie dirigés par le Général de Division :

Situation initiale au moment du départ d'une attaque;

Organisation des liaisons et de l'observation;

Déplacement du P. C;

Déplacement des observateurs;

Déplacement des batteries.

Organisation du tir sur le nouvel objectif. — Observation, liaisons.

Moyens d'assurer la liaison intime entre l'Artillerie chargée de préparer une attaque et l'Infanterie devant l'exécuter.

c) Exercices combinés d'Artillerie et d'Infanterie sous les deux formes suivantes :

1º Exercices de Division dirigés autant que possible par le Commandant de Corps d'Armée permettant d'étudier le combat complet de la Division, la liaison des armes.

2º Exercices combinés de Régiment d'Infanterie et de Groupe d'Artillerie, comportant l'étude d'épisodes de combat dans *le cadre strict de la Division.*

Exercices avec troupes. — Ces exercices seront la répétition avec troupes des quatre exercices prescrits ci-dessus. Ils devront être conduits comme des exercices de combat et non comme des manœuvres. L'ennemi sera représenté soit par quelques fractions, soit par des fanions. Ces exercices demanderont à l'avance une préparation minutieuse et une sorte de truquage du terrain : le directeur fera recommencer les phases qui n'auraient pas été exécutées d'une façon correcte.

Les déplacements de l'Artillerie seront particulièrement étudiés.

Le Commandant de C. A. devra prendre fréquemment la direction de ces exercices afin d'habituer le Général de D. I. à la conduite de son unité dans le cadre du Corps d'Armée.

II

LE CORPS D'ARMÉE

Le Corps d'Armée est *l'unité d'attaque*.

L'expérience a montré qu'un Corps d'Armée chargé de mener une attaque dans une action offensive d'ensemble devait en principe comprendre 3, 4 ou même 5 Divisions.

Cette augmentation de moyens répond à la nécessité :

1º D'avoir un *front d'engagement suffisant* — au moins 2 Divisions — pour mettre en œuvre l'Artillerie dans de bonnes conditions ;

2º De disposer de fortes réserves pour alimenter et conduire le combat et *mener avec les temps d'arrêt nécessaires l'attaque sur les positions successives de l'ennemi.*

Rôle du Commandant de Corps d'Armée. — Le rôle du Commandant de Corps d'Armée au combat consiste :

1º A coordonner les efforts des Divisions en vue d'atteindre le but fixé par le Commandant de l'Armée ;

2º A faire agir les éléments non endivisionnés pour faciliter l'action des Divisions ou pour l'exploiter ;

3º A assurer les ravitaillements et évacuations.

Le rôle du Commandant de Corps d'Armée prend une importance considérable, par le fait même des moyens dont il dispose. Ayant une action effective sur le développement du combat, il peut imprimer à l'attaque dans sa zone la continuité de direction indispensable au succès.

Le Combat.

I. — Préparation.

Avant de procéder aux reconnaissances, le Commandant de Corps d'Armée doit recevoir du Commandant de l'Armée :

La mission (Direction générale et objectifs successifs) ;

La zone d'action ;

L'ensemble des moyens supplémentaires de toute nature mis à sa disposition.

Reconnaissances. — Les reconnaissances sont exécutées par le Commandant de Corps d'Armée, assisté de son État-Major, de son Commandant d'Artillerie et du Génie, d'après les procédés indiqués pour la Division. Elles ont pour but de déterminer la manœuvre à effectuer par le Corps d'Armée. Elles doivent donc porter tout d'abord sur la configuration d'ensemble de la position ennemie plutôt que sur les détails. C'est seulement lorsque l'idée de manœuvre est précisée que des reconnaissances plus détaillées permettront de se rendre compte des possibilités d'exécution.

Plan d'engagement. — La conception de la manœuvre dans l'esprit du Commandant de Corps d'Armée se traduit par le Plan d'engagement.

Ce plan consiste à déterminer :

a) Le dispositif d'ensemble pour l'attaque (Divisions de première ligne, de deuxième ligne) ; mission de chaque Division, secteurs d'attaque ;

b) La fixation des objectifs à atteindre (directement et d'emblée ou par la manœuvre) ;

c) L'ensemble des positions occupées par l'Artillerie du Corps d'Armée ;

d) La répartition des moyens entre les Divisions ;

e) L'emploi des éléments non endivisionnés ;

f) Éventuellement l'emploi des moyens spéciaux : nappes de gaz, obus spéciaux de toutes catégories, guerre de mines ;

g) Le plan de ravitaillement et d'évacuation.

Le Commandant de Corps d'Armée complète, en ce qui concerne sa zone d'action, le plan d'ensemble des travaux établis par l'Armée, de manière à permettre aux Divisions d'arrêter ultérieurement leur plan d'aménagement définitif du terrain.

Le front d'engagement d'une Division varie d'une façon générale entre 1.500 et 2.500 mètres (1). Ce front pourra être augmenté dans certains cas, lorsqu'il s'agira simplement de fixer l'ennemi.

On peut poser en règle générale qu'à l'exception de quelques saillants de faible étendue, la *totalité* du front ennemi doit être attaquée.

Les Divisions réservées sont placées face à leurs objectifs éventuels, choisis dans la partie de la zone ennemie où le succès semble pouvoir être obtenu plus facilement.

Les éléments non endivisionnés peuvent être mis à la disposition des Divisions ou recevoir une mission spéciale.

L'Artillerie. — Toute l'Artillerie qui est employée à la destruction des organisations ennemies — Artillerie de campagne, Lourde et de Tranchée — doit-être placée sous les ordres des Généraux de Division. Le Général Commandant le Corps d'Armée garde en principe sous son Commandement l'A. L. longue et certaines pièces spéciales ayant à travailler dans plusieurs zones (2).

La répartition est faite entre les Divisions de première ligne en fonction du travail à exécuter.

Sauf exceptions visées dans l'étude de la Division, les Divisions de deuxième ligne conservent leur artillerie constitutive (artillerie de campagne et de tranchées).

Il est indispensable de faire connaître aux Divisions, *dès le*

---

(1) Chiffres donnés à titre de simple indication, et pour fixer les idées.

(2) Certaines pièces lourdes à grande portée peuvent être mise à la disposition des Corps d'Armée (Instruction du 20 novembre 1915, nº 11.239 § 34).

début, la totalité de l'artillerie dont elles disposeront. Les renforcements opérés au cours de préparation et « a fortiori » en cours d'exécution, apportent toujours une certaine perturbation au plan primitivement établi ; ils donnent, par suite, un rendement moindre.

L'Artillerie à la disposition des Divisions sera chargée d'effectuer :

1° Les destructions ;

2° La lutte d'artillerie dans les secteurs de Division, jusqu'à une limite fixée par le Commandant de Corps d'Armée.

L'Artillerie gardée à la disposition du Commandant de Corps d'Armée effectuera des destructions spéciales intéressant les Divisions, et la lutte d'Artillerie au delà de la ligne limitant la zone réservée aux Artilleries Divisionnaires.

L'action de ces divers groupements sera coordonnée par le Commandant de Corps d'Armée et donnera lieu à l'établissement du *Plan d'action de l'Artillerie*.

Organes d'Observation aériens. — Le Commandant de Corps d'Armée détermine la répartition des organes d'observation aériens entre le Commandement (Reconnaissances), les Artilleries des Divisions de première ligne et l'Artillerie du Corps d'Armée. La majeure partie de ces moyens doit être affectée au réglage.

Génie. — Le Commandant du Génie de Corps d'Armée est, en principe, chargé de tous les travaux concernant les Communications, après accord avec l'officier d'État-Major chargé du ravitaillement.

Les compagnies du Génie de Corps d'Armée sont à sa disposition pour les travaux spéciaux ou réparties entre les Divisions.

Réserves d'Infanterie du Corps d'Armée. — En principe, les unités territoriales sont employées au transport du matériel, au jalonnement des itinéraires, au service d'ordre et à l'organisation du champ de bataille. Elles peuvent être appelées éventuellement à la garde des tranchées de départ, à l'organisation et à l'occupation des positions conquises.

Ravitaillement et Évacuations. — Ce plan est établi dans les conditions indiquées par la Division. Il prévoit notamment l'emploi de la voie de 0^m,60 et des moyens de transport du Corps d'Armée (Parcs, Convois).

Un officier de l'Etat-Major du Corps d'Armée est chef du Service du Ravitaillement et des Evacuations.

Les indications données précédemment pour la Division en ce qui concerne les phases successives de la Préparation : aménagement du terrain, action d'artillerie, contrôlés par le commandement, ordre d'attaque, etc., s'appliquent évidemment au Corps d'Armée.

Le commandant du C. A. *se fait communiquer les plans d'engagement, plans d'aménagement, plans d'actions et ordres d'attaque de l'Infanterie et de l'Artillerie.* Il vérifie qu'ils répondent bien à ses intentions et les coordonne au besoin, particulièrement en ce qui concerne l'artillerie, puisqu'il doit compléter l'action des Artilleries Divisionnaires par son Artillerie propre.

Le Commandant de Corps d'Armée s'assure, en outre, que les Officiers des Divisions réservées exécutent la reconnaissance de leur zone d'engagement éventuelle.

II. — Exécution de l'attaque.

Ainsi qu'il a été prescrit pour la Division, le Commandant de Corps d'Armée s'attache :

a) A avoir de bonnes liaisons avec ses Divisions pour être exactement renseigné et, par suite, faire agir son artillerie efficacement ;

b) A régler la marche et l'engagement de ses unités réservées.

Le Commandant de Corps d'Armée se tient à proximité de ses Commandants de Division de première ligne, au point d'où il peut le mieux suivre leurs opérations.

Il déplace son P. C. en temps utile, prend contact personnellement avec ses Commandants de Division toutes les fois où cela est nécessaire et principalement lorsqu'il s'agit de poursuivre un succès, de relever une Division, d'organiser le Commandement quand un Divisionnaire est mis hors de combat.

La mission des unités reservées n'est jamais improvisée sur le terrain. Elle est donnée plusieurs jours à l'avance, sous forme conditionnelle ; elle est confirmée ou modifiée s'il y a lieu au moment de l'engagement. Dans ce but, le Commandant de Corps d'Armée doit se faire en temps utile une idée très rapide de la situation et prendre sa décision sans retard, en raison de la lenteur des mouvements sur le champ de bataille.

L'action du Commandant de Corps d'Armée ne cesse pas à partir du moment où une unité réservée reçoit l'ordre de s'engager : il surveille son mouvement, l'accélère ou le rectifie au besoin. Il est responsable en un mot de son arrivée à pied-d'œuvre, en temps voulu.

Lorsque la ligne de combat est arrêtée par une organisation ennemie nécessitant une nouvelle préparation, le Commandant de Corps d'Armée décide s'il y a lieu de relever tout ou partie des unités de première ligne. Les relèves doivent être effectuées avant que les unités engagées soient totalement épuisées. La réorganisation de ces unités est poussée activement.

La mise en œuvre d'une préparation nouvelle n'est pas une chose simple, car on a généralement moins de facilités d'organisation que pour l'attaque de la première position. Il faut se rendre compte rapidement de la situation et se décider aussitôt. Le Commandant de Corps d'Armée établit son plan d'ensemble et fixe en conséquence les objectifs d'attaque des Divisions, leur zone d'action. Il sera généralement conduit à remanier la répartition de l'A. L. de façon à donner aux Divisions des moyens proportionnés à leurs nouveaux objectifs.

Il doit en outre entrer en liaison avec les Corps voisins et combiner son action avec la leur.

Quand les nécessités de la lutte ont amené l'engagement de toutes les unités réservées, le Commandant de Corps d'Armée continue à exercer une action sur la conduite du combat, au moyen de son Artillerie.

La lutte d'Artillerie. — Le but de la lutte d'Artillerie est de faciliter la progression de l'Infanterie en détruisant ou tout au moins en neutralisant l'artillerie adverse. La supériorité prise sur l'artillerie ennemie ayant la plus grande influence sur l'issue du combat, sa recherche doit retenir une grande partie de l'attention du Commandant de Corps d'Armée. Il dirige la lutte d'artillerie, assisté par le Commandant de l'artillerie de Corps d'Armée, son agent d'exécution.

Les moyens d'action du commandement sur l'artillerie sont toujours les mêmes : lui donner des objectifs et des missions.

Dans la période de préparation, le Commandant de Corps d'Armée fait commencer et poursuivre sans relâche le travail de *destruction des Batteries ennemies* aussitôt que possible et met à cet effet à la disposition de l'artillerie les munitions et les moyens d'observation nécessaires.

La destruction des Batteries ne sera obtenue que par un tir *très précis*, réglé par des observateurs *compétents*.

Au cours de l'attaque, la question devient plus compliquée : des Batteries nouvelles se dévoilent, d'autres changent d'emplacement, l'observation est plus difficile. C'est cependant à ce moment qu'il y est le plus intéressant de faire taire les batteries ennemies, pour débarrasser notre Infanterie des barrages qui arrêtent sa progression.

Les emplacements des Batteries sont alors déterminés à l'aide des renseignements fournis par les Divisions et par l'observation (aérienne et terrestre).

Les agents de liaison détachés par le Commandant de Corps d'Armée et par l'Artillerie auprès de chaque Division transmettent tous les renseignements qui leur parviennent et font connaître en outre les demandes des Divisions en ce qui concerne l'appui pouvant leur être donné par l'Artillerie du Corps d'Armée.

Il appartient au Commandant de Corps d'Armée de déterminer les objectifs qu'il convient de battre et de faire exécuter sur eux les concentrations nécessaires.

La situation sera évidemment d'autant plus facile qu'un plus grand nombre de Batteries auront été détruites précédemment, au cours de la préparation.

III. — Exploitation du succès.

Lorsque les positions successives de l'adversaire ont été enlevées, l'intervention du Commandant de Corps d'Armée est indispensable pour assurer l'exploitation du succès.

Les Divisions qui ont donné l'assaut de la dernière position ennemie n'ont plus en général les moyens suffisants pour poursuivre sur un long parcours. Elles ne disposent pas, d'autre part, de l'arme d'exploitation par excellence : la Cavalerie.

Il ne saurait être question d'attendre l'ordre du Commandant de Corps d'Armée pour lancer la Cavalerie à la poursuite. L'ordre d'attaque lui a donné une direction éventuelle : c'est à la Cavalerie à se tenir aux aguets et à se précipiter dans la brèche dès qu'elle se produira.

Derrière la Cavalerie, les éléments disponibles des Divisions de première ligne se portent sur la *direction* indiquée par l'ordre d'attaque.

L'action du Commandant de Corps d'Armée consiste à réunir tout ce qu'il peut — Infanterie et Artillerie — et à pousser derrière la Cavalerie les éléments de poursuite pour assurer les flancs et prendre possession du terrain d'une façon définitive.

Si l'ennemi tient encore sur une partie du front d'action du Corps d'Armée, le Commandant de Corps d'Armée organise les manœuvres nécessaires pour faire tomber les dernières résistances. La brèche produite chez l'ennemi n'est exploitable que si elle a une largeur suffisante. C'est donc à créer cette brèche sur tout son front que doit tendre d'abord le Commandant de Corps d'Armée.

Les Corps d'Armée voisins ayant obtenu des résultats analogues, la poursuite est menée ardente, passionnée, derrière les D. C. qui inondent le terrain.

L'action du Commandant de Corps d'Armée se manifeste dans la poursuite, en faisant suivre les troupes au plus près par toute l'Artillerie disponible. Il faut qu'à la moindre résistance ennemie, l'Infanterie puisse être appuyée rapidement par une puissante Artillerie.

Le Commandant de Corps d'Armée organise en outre les Ravitaillements immédiats nécessaires.

Ravitaillement et évacuation. — Lorsque le mouvement en avant s'accentue, le Ravitaillement prend une importance capitale. Ce service est mis en œuvre dans les conditions indiquées pour la Division.

L'officier qui en est chargé doit obtenir un ordre parfait dans la zone arrière du champ de bataille. Il fait exécuter tous les travaux nécessaires pour pousser les voitures au contact des troupes.

III

L'ARMÉE

Le Plan d'action d'ensemble d'une Armée participant à une opération offensive est basé sur la mission reçue, la configuration du terrain, les moyens dont elle dispose (1).

De l'étude du terrain et des organisations ennemies, résulte la manœuvre à effectuer, les étapes successives à envisager pour mener à bien l'opération projetée et par suite la répartition des forces.

C'est dire que cette répartition ne consiste pas à partager le terrain en tranches à peu près égales entre des Corps d'Armée disposant de moyens comparables.

Une étude détaillée fait connaître les régions dans lesquelles la progression semble possible, celle où elle paraît plus difficile exceptionnellement, les partis du front ennemi qui seront simplement masquées et la manière dont on pourra les faire tomber. On détermine ainsi un certain nombre de zones d'attaque, comprenant des objectifs successifs bien nets, et où les opérations seront conduites par un seul chef disposant de moyens en rapport avec le but poursuivi.

Chacune de ces zones sera attribuée à un Corps d'Armée Les Corps d'Armée auront ainsi un front, un effectif et des moyens de toute nature, essentiellement variables.

Le Commandant de l'Armée détermine ensuite l'importance des réserves qu'il veut conserver à sa disposition, en vue : des relèves générales à prévoir, des manœuvres ultérieures à entreprendre, de l'exploitation des succès.

---

(1) Le projet initial de répartition des forces doit faire état des effectifs *nécessaires* pour atteindre le but imposé. Ces effectifs sont comparés avec ceux dont on dispose. S'ils sont supérieurs, il faut réduire le front ou limiter les résultats cherchés.

Dans le cadre des instructions qui lui sont données par le Commandant de Groupe d'Armées, le Commandant de l'Armée arrête en outre :

— La mission spéciale assignée à l'Artillerie à longue portée ;

— L'emploi des nappes de gaz et des obus spéciaux de diverses catégories ;

— L'utilisation éventuelle de la guerre de mines à prévoir plus particulièrement dans certaines parties du front ;

— Les missions assignées à l'Aviation de l'Armée (1).

Ayant ainsi arrêté la répartition des forces, la mission et les moyens mis à la disposition de chacun, le Commandant de de l'Armée peut faire exécuter les reconnaissances détaillées par les Commandants de Corps d'Armée.

Le Plan d'action d'ensemble de l'Armée est complété par *le Plan d'ensemble des travaux à effectuer*. Ce Plan vise *l'organisation de la zone des Armées* et les *grandes lignes de l'aménagement offensif du terrain à réaliser*.

L'organisation de la zone de l'Armée a pour but d'assurer le bon fonctionnement de tous les services ; elle demande donc un soin particulier.

La partie la plus importante est l'organisation des communications :

— Construction et amélioration de voies ferrées ; voies normales, voies de 1 mètre et voies de $0^m,60$;

— Construction et amélioration de routes, ponts, passages ;

— Installation du réseau téléphonique et optique, postes de T. S. F.

Le plan prévoit en outre :

— L'approvisionnement du matériel, son transport, son entrepôt (2) ;

---

(1) L'action des groupes de bombardement, en liaison avec les opérations est réglée, en principe, par les Commandants de Groupe d'Armées.

(2) L'entassement du matériel dans les gares, sur wagons ou sur quais doit être évité. Les demandes ne devront donc jamais dépasser les quantités susceptibles d'être prises en charge et transportées par les moyens propres de l'Armée.

— L'aménagement des cantonnements, la construction des camps, de parcs d'artillerie, etc... ;

— Les grandes lignes d'aménagement du terrain (construction de certains emplacements de batteries, etc... ;

— L'ordre d'urgence des travaux et l'organisation du travail (éléments précurseurs, etc...).

De l'ensemble des études faites résulte l'ordre dans lequel les troupes destinées à exécuter l'opération doivent être amenées à pied d'œuvre et aussi dans leurs zones respectives.

Il y a un intérêt évident à n'amener les troupes qu'au moment où leur présence est nécessaire pour l'exécution des travaux. Mais par contre, les États-Majors doivent effectuer d'avance les reconnaissances permettant d'établir le plan détaillé des travaux, afin que ceux-ci puissent être commencés dès l'arrivée des troupes.

L'armement des batteries lourdes doit avoir lieu très tôt.

Le Commandant de l'Armée ne doit pas seulement envisager la préparation en vue de la bataille elle-même et de ses phases successives. Il doit prévoir les besoins qui se manifesteront en cas de succès, en particulier le prolongement des voies ferrées, l'approvisionnement rapide des troupes en vivres, munitions et matériel de toute sorte, l'organisation du champ de bataille.

Pendant la période de préparation, le Commandant de l'Armée exerce lui-même et par l'intermédiaire de son État-Major, un contrôle actif de tous les travaux. C'est pour lui le seul moyen de se rendre compte des difficultés et d'aboutir rapidement.

Le combat.

Lorsque les Corps d'Armée sont mis en place, dotés du matériel nécessaire, approvisionnés régulièrement, lorsque les conditions de l'attaque ont été fixées, le Commandant de l'Armée n'a plus — tout au moins au début — qu'un rôle assez restreint, comparé à celui des Commandants de Corps d'Armée et de Division. C'est à ceux-ci, en effet, qu'incombe la véritable direction du combat.

Le Commandant de l'Armée, renseigné par les officiers qu'il a détachés auprès de chaque Corps d'Armée, surveille attentivement la marche de l'action.

Il faut, en effet, éviter à tout prix l'entassement d'unités nombreuses cherchant à agir malgré leur désordre ou voulant s'employer simultanément sur un front trop restreint.

Lorsque un Commandant de Corps d'Armée a réussi à rompre une partie des lignes adverses, le Commandant de l'Armée doit mettre à sa disposition *les moyens que le Corps d'Armée peut utilement employer*, et combiner son action avec celle des corps voisins.

Il sera toujours avantageux, à cet effet, que le Commandant de l'Armée prenne un contact personnel avec le Commandant de Corps d'Armée intéressé afin de juger la situation sur place.

Lorsque la ligne de combat est arrêtée par une organisation ennemie intacte, le Commandant de l'Armée fait connaître les conditions dans lesquelles la lutte sera continuée et, s'il y a lieu, les nouveaux objectifs ainsi que la nouvelle répartition des forces en raison des résultats obtenus. Il fixe ensuite ultérieurement ou demande au Commandant de Groupe d'Armées le jour et l'heure de la reprise de l'attaque. Dans l'intervalle, il s'emploie activement à hâter la préparation par tous les moyens en son pouvoir. Son rôle consiste particulièrement à discerner le ou les points de rupture de la ligne ennemie et à y faire converger tous les moyens dont il dispose.

Cette concentration, pour être efficace, doit être organisée.

Si l'on réussit à rompre complètement les lignes ennemies, l'intervention du Commandant de l'Armée est indispensable pour élargir la brèche, organiser la poursuite, actionner la Cavalerie. L'ennemi ne sera réellement battu et désorganisé que si le Commandant de l'Armée entre résolument dans la bataille, comme tous ses subordonnés.

Approuvé :

J. JOFFRE

PARIS. — INPRIMERIE DU SERVICE GÉOGRAPHIQUE DE L'ARMÉE